# 以案说法：

## 农村土地承包经营权知多少

中国农业农村法治研究会
农业农村部管理干部学院 编著

中国农业出版社
农村读物出版社
北 京

**图书在版编目（CIP）数据**

以案说法：农村土地承包经营权知多少 / 中国农业农村法治研究会，农业农村部管理干部学院编著. —北京：中国农业出版社，2020.6（2023.8重印）
　ISBN 978-7-109-26994-1

　Ⅰ.①以… Ⅱ.①中… ②农… Ⅲ.①农村土地承包法—案例—中国 Ⅳ.①D922.325

中国版本图书馆CIP数据核字（2020）第111608号

中国农业出版社出版
地址：北京市朝阳区麦子店街18号楼
邮编：100125
责任编辑：张丽四
责任校对：吴丽婷
印刷：中农印务有限公司
版次：2020年6月第1版
印次：2023年8月北京第6次印刷
发行：新华书店北京发行所
开本：700mm×1000mm　1/16
印张：5.75
字数：80千字
定价：28.00元

# 编写委员会

主　　编：向朝阳

副 主 编：朱守银　杨东霞　李　蕊

参编人员：秦静云　刘　怡　寇　丽　聂建义

　　　　　陆　璐　林中天　魏依洋　程新睿

　　　　　袁华萃　王园鑫

审 稿 人：贾东明

# 前 言

　　《中华人民共和国农村土地承包法》(以下简称《农村土地承包法》)是一部直接关系亿万农民群众切身利益、生存发展的重要法律。为适应新时代农业农村发展的客观要求，及时把党对新时代农业农村工作的一些重大部署和方针政策转化为法律，将地方实践探索和创新的经验上升为法律，2018 年 12 月 29 日，第十三届全国人民代表大会常务委员会第七次会议通过修改《农村土地承包法》的决定。此次修法，确实落实了承包地的"三权分置"，明确了土地承包关系长久不变，确定了退出承包经营权不是进城落户的前提，以及承包方有再流转土地经营权的权利，赋予了土地经营权融资担保功能，建立了工商企业流转土地经营权监督法律制度，完善了保护妇女的土地承包权益。

　　为做好《农村土地承包法》普法宣传工作，维护广大农民群众权益，更好地促进《农村土地承包法》的实施，特编订此书。本书针对土地承包经营实践中常见的法律问题，采用案例问答的形式解读这次法律修改的要旨。每个问题包括"案例简介""案例解答"和"适用法律"三部分内容。其中，"案例简介"部分对真实案例加以改编；"案例解答"部分结合案例事实和相关法律规范，对相应问题及其法律依据进行了具体阐释，有助于加强读者对法律问题的理解；"适用法律"部分明确列出相关的法律规范，有助于读者快速查找和定位。本书专门面向广大农民朋友，在案例中特别设计了插画，以增强本书的易读性和趣味性。

此外，为方便读者查阅和学习，在本书的附录部分，附上了《农村土地承包法》。希望本书能帮助读者更好地理解和运用《农村土地承包法》。

# 目　录

第二章　土地流转关系　/ 42

## 第三章 争议解决与法律责任 / 60

## 附录

## 后记

# 基本概念介绍

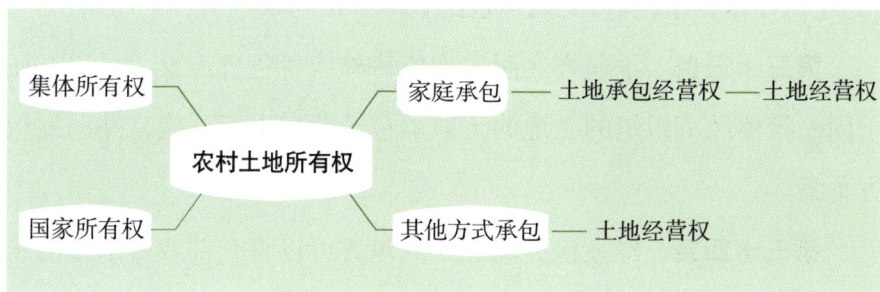

**基本概念介绍图**

## 一、农村土地所有权

农村土地所有权包括国家土地所有权和集体土地所有权。

【法律依据】《农村土地承包法》第二条[①]：

**第二条** 本法所称农村土地，是指农民集体所有和国家所有依法由农民集体使用的耕地、林地、草地，以及其他依法用于农业的土地。

## 二、土地承包经营权

1. 农村集体经济组织成员可以承包本集体经济组织发包的土地，以家庭承包的方式承包的土地，承包方享有土地承包经营权，

---

① 本节所引法律依据均来自《农村土地承包法》。

但不享有土地所有权，不得买卖承包地。

【法律依据】《农村土地承包法》第四条：

**第四条** 农村土地承包后，土地的所有权性质不变。承包地不得买卖。

2. 土地承包经营权可以在本集体经济组织内部互换、转让。

【法律依据】《农村土地承包法》第三十三条和第三十四条：

**第三十三条** 承包方之间为方便耕种或者各自需要，可以对属于同一集体经济组织的土地的土地承包经营权进行互换，并向发包方备案。

**第三十四条** 经发包方同意，承包方可以将全部或者部分的土地承包经营权转让给本集体经济组织的其他农户，由该农户同发包方确立新的承包关系，原承包方与发包方在该土地上的承包关系即行终止。

## 三、土地经营权

1. 土地承包经营权人可以保留土地承包权，流转其承包地的土地经营权。土地经营权流转后，承包方享有土地承包权，其与发包方的关系不变。

【法律依据】《农村土地承包法》第九条和第四十四条：

**第九条** 承包方承包土地后，享有土地承包经营权，可以自己经营，也可以保留土地承包权，流转其承包地的土地经营权，由他人经营。

**第四十四条** 承包方流转土地经营权的，其与发包方的承包关系不变。

2. 土地经营权的流转对象不限于本集体经济组织成员，但是在同等条件下，本集体经济组织成员享有优先权。

【法律依据】《农村土地承包法》第三十八条：

**第三十八条** 土地经营权流转应当遵循以下原则：（一）依法、自愿、有偿，任何组织和个人不得强迫或者阻碍土地经营权流转；（二）不得改变土地所有权的性质和土地的农业用途，不得破坏农业综合生产能力和农业生态环境；（三）流转期限不得超过承包期的剩余期限；（四）受让方须有农业经营能力或者资质；（五）在同等条件下，本集体经济组织成员享有优先权。

3. 以其他方式承包土地，承包方取得土地经营权，而不是土地承包经营权。

【法律依据】《农村土地承包法》第四十九条：

**第四十九条** 以其他方式承包农村土地的，应当签订承包合同，承包方取得土地经营权。当事人的权利和义务、承包期限等，由双方协商确定。以招标、拍卖方式承包的，承包费通过公开竞标、竞价确定；以公开协商等方式承包的，承包费由双方议定。

# 第一章 土地承包关系

第一节 土地承包经营权人的权利

## 一、承包土地的权利

❓ 问题 1. 承包土地的农户何时取得土地承包经营权？

【案例简介】

老张家承包了数块耕地。他家的承包地临近水源，土地肥沃，收成在大槐树村年年都数一数二，2019 年 5 月正式办理了登记。

问题：老张家从何时开始取得这几块耕地的土地承包经营权？

【案例解答】

老张家自承包合同生效时取得土地承包经营权。

为切实保护广大农户的土地承包经营权，虽然不动产权利的设立，一般以登记生效为原则，但基于我国农村土地承包先承包后发证等实际情况，《农村土地承包法》第二十三条规定，承包方自承包合同生效时取得土地承包经营权。

在本案中，老张家自承包合同生效之时，也就是承包合同成立

之日取得这几块耕地的土地承包经营权。承包期应当自老张家与发包方签订承包合同之日起计算，而非自登记之日起计算。

**【适用法律】**

《农村土地承包法》第二十三条：

**第二十三条**　承包合同自成立之日起生效。承包方自承包合同生效时取得土地承包经营权。

## 问题 2. 进城落户要以放弃土地承包经营权为条件吗?

**【案例简介】**

老李的儿子李建国想要落户城镇以方便其进城打工，便前往大槐树村村委会询问户口迁出的要求。村委会告知李建国应当放弃家中承包地的土地承包经营权，并且只有在放弃后才能落户城市。

问题：李建国进城落户要以放弃土地承包经营权为条件吗?

**【案例解答】**

李建国进城落户无须以放弃土地承包经营权为条件。

国家保护进城农户的土地承包经营权。不得以退出土地承包经营权作为农户进城落户的条件。在本案中，李建国落户城镇，无需以放弃土地承包经营权为条件。

**【适用法律】**

《农村土地承包法》第二十七条：

第二十七条　承包期内，发包方不得收回承包地。

国家保护进城农户的土地承包经营权。不得以退出土地承包经营权作为农户进城落户的条件。

承包期内，承包农户进城落户的，引导支持其按照自愿有偿原则依法在本集体经济组织内转让土地承包经营权或者将承包地交回发包方，也可以鼓励其流转土地经营权。

　　承包期内，承包方交回承包地或者发包方依法收回承包地时，承包方对其在承包地上投入而提高土地生产能力的，有权获得相应的补偿。

## ？问题 3. 农户进城落户后承包地如何处理？

### 【案例简介】

　　李建国早年进城务工，还在城里购置了房产。他想将家中的两位老人从大槐树村接至城里来落户，好让二老安享晚年。二老进城后不便耕种承包地，但又不知道该如何处置才好。村委会跟老李家说可以将承包地交回，而同村的老张则说他可以接手老李家的承包地。

　　问题：老李家进城落户后，其承包地如何处理？

【案例解答】

村委会和老张的提议都是可行的。

承包方承包土地后，享有土地承包经营权，可以自己经营，也可以保留土地承包权，流转其承包地的土地经营权，由他人经营。农户进城落户不以退出土地承包经营权为条件。老李家进城落户后，可以按照自愿有偿原则在大槐树村集体经济组织内转让土地承包经营权或者将承包地交回发包方，也可以流转土地经营权。

在本案中，老张是大槐树村的村民，老李家可以将土地承包经营权转让给老张，也可以保留土地承包权，将承包地的土地经营权流转给老张。大槐树村村委会是承包地的发包方，老李家可以将承包地交回村委会。① 因此，老李家要处理承包地，村委会和老张的意见都是可取的。

【适用法律】

《农村土地承包法》第五条、第九条和第二十七条：

**第五条**　农村集体经济组织成员有权依法承包由本集体经济组织发包的农村土地。

任何组织和个人不得剥夺和非法限制农村集体经济组织成员承包土地的权利。

**第九条**　承包方承包土地后，享有土地承包经营权，可以自己

---

① 根据《农村土地承包法》第十三条的规定，村委会、村集体经济组织和村民小组都可以作为发包方，要根据具体的实践确定发包方，本书中，村委会作为发包方只是其中一种情形。

经营，也可以保留土地承包权，流转其承包地的土地经营权，由他人经营。

**第二十七条**  承包期内，发包方不得收回承包地。

国家保护进城农户的土地承包经营权。不得以退出土地承包经营权作为农户进城落户的条件。

承包期内，承包农户进城落户的，引导支持其按照自愿有偿原则依法在本集体经济组织内转让土地承包经营权或者将承包地交回发包方，也可以鼓励其流转土地经营权。

承包期内，承包方交回承包地或者发包方依法收回承包地时，承包方对其在承包地上投入而提高土地生产能力的，有权获得相应的补偿。

### ❓ 问题 4. 承包方自愿交回承包地后还可以再次要求承包土地吗?

**【案例简介】**

张大山进城务工，准备放弃承包的土地承包经营权。他提前半年书面通知大槐树村村委会，要将承包地交回，村委会同意他交回承包地。他交回承包地后获得了合理补偿。后来，张大山在城里未能找到好工作，想回村继续务农，便向大槐树村村委会表示其愿意退还补偿金，想重新承包耕地。大槐树村村委会拒绝了张大山的请求。

**问题：** 承包期内，张大山自愿交回承包地，可以获得合理补偿吗? 张大山回乡后，在承包期内可以再次要求承包土地吗?

**【案例解答】**

承包期内，张大山自愿交回承包地可以获得合理补偿。张大山回乡后，在承包期内，不可以要求再次承包土地。

有的农户具有稳定非农收入且已定居城市，无法有效耕种承包经营的土地。为充分利用土地资源，在自愿的基础上农户可以将土地交回发包方。对于自愿交回承包地的农户，由于其放弃了已取得的土地承包经营权，其可以获得合理补偿。

承包方交回土地后，承包方与发包方的土地承包关系消灭。因此，在土地承包期内，其不得再次要求承包土地。在本案中，张大山在承包期内自愿交回承包地，而且已获得合理补偿。他自愿交回承包地后，在承包期内不得再要求承包土地。

**【适用法律】**

《农村土地承包法》第三十条：

第三十条　承包期内，承包方可以自愿将承包地交回发包方。承包方自愿交回承包地的，可以获得合理补偿，但是应当提前半年以书面形式通知发包方。承包方在承包期内交回承包地的，在承包期内不得再要求承包土地。

## 问题 5. "外嫁女"将户口迁入嫁入地后原承包地会被收回吗？

**【案例简介】**

张小花在大槐树村有承包地。她和东洼村的小刘结婚后，将户口迁入东洼村，并在东洼村与小刘一起生活。由于实行"增人不增地，减人不减地"的政策，张小花在东洼村没有获得承包地。张小

花迁入东洼村后，大槐树村村委会以她嫁到东洼村为由，要收回她的承包地。

**问题**：请问张小花的承包地会被收回吗？

**【案例解答】**

张小花的承包地不应被收回。

妇女的农村土地承包经营权与男子平等，受同等保护。承包期内，妇女结婚，在新居住地未取得承包地的，发包方不得收回其原承包地。本案中，张小花出嫁后，未在东洼村获得承包地，大槐树村村委会要收回其承包地缺乏法律依据。

**【适用法律】**

《农村土地承包法》第三十一条：

**第三十一条** 承包期内，妇女结婚，在新居住地未取得承包地的，发包方不得收回其原承包地；妇女离婚或者丧偶，仍在原居住地生活或者不在原居住地生活但在新居住地未取得承包地的，发包方不得收回其原承包地。

**？问题 6. 妇女离婚或丧偶后村委会有权收回其原承包地吗？**

**【案例简介】**

李芳因与丈夫张小山感情破裂而离婚，离婚后与邻村西山村王国庆相识，后两人相爱，李芳外嫁至西山村。张小花的丈夫小刘意外去世后，张小花也从东洼村嫁到了西山村。李芳和张小花在西山村均未取得承包地。大槐树村村委会、东洼村村委会以李芳、张小花不在本村居住为由，要收回她们原来的承包地。

问题：妇女离婚或丧偶后，在新的居住地没有取得承包地，大槐树村村委会和东洼村村委会有权收回其原承包地吗？

【案例解答】

妇女离婚或丧偶后，在新的居住地没有取得承包地，原村村委会无权收回其原承包地。

妇女的土地承包经营权受法律保护。妇女离婚或者丧偶，仍在原居住地生活或者不在原居住地生活但在新居住地未取得承包地的，发包方不得收回其原承包地。

在本案中，张小花和李芳搬至西山村居住，且二人均未在西山村取得承包地，大槐树村村委会和东洼村村委会不得收回她们原来的承包地。

【适用法律】

1.《农村土地承包法》第三十一条：

**第三十一条** 承包期内，妇女结婚，在新居住地未取得承包地的，发包方不得收回其原承包地；妇女离婚或者丧偶，仍在原居住地生活或者不在原居住地生活但在新居住地未取得承包地的，发包方不得收回其原承包地。

2.《婚姻法》第三十九条：

**第三十九条** 离婚时，夫妻的共同财产由双方协议处理；协议不成时，由人民法院根据财产的具体情况，照顾子女和女方权益的原则判决。

夫或妻在家庭土地承包经营中享有的权益等，应当依法予以保护。

# 二、承包期问题

❓ 问题 7. 耕地、草地、林地的承包期分别是多长？承包地的承包期届满是否会延长？

【案例简介】

大槐树村的村民二轮承包耕地的时间已经二十多年了，这段时间大家都在讨论第二轮承包到期之事。这天张小山正在自家承包地里播种，听到其他人对承包期满之事议论纷纷。村民们有的说需要重新签订承包合同，有的说村里将收回土地。一时间众说纷纭。

问题：耕地、草地和林地的承包期分别是多长时间？承包地的承包期届满是否会延长？

【案例解答】

耕地的承包期为三十年。草地的承包期为三十年至五十年。林地的承包期限为三十年至七十年。耕地承包期届满后再延长三十年。草地、林地承包期届满后依照上述规定相应延长。

【适用法律】《农村土地承包法》第二十一条：

第二十一条　耕地的承包期为三十年。草地的承包期为三十年至五十年。林地的承包期为三十年至七十年。

前款规定的耕地承包期届满后再延长三十年，草地、林地承包期届满后依照前款规定相应延长。

# 三、生产经营自主权

## ❓ 问题 8. 发包方可以规定农民种植作物种类吗？

### 【案例简介】

大槐树村村委会打算在村里推广一种优质油菜种子。这种油菜开花时的观赏价值高，可以帮助大槐树村发展观光农业。村主任老张计划集中成片种植。对此，大多数承包户都口头同意，唯独老李要种植土豆。为此，村委会召开村民代表大会，会上许多村民代表认为老李应该服从村委会统一领导，形成在大槐树村推广种植优质油菜的决议，并要求老李也种植油菜。老李坚决不服从，认为该决议侵犯了自己的生产经营自主权。

问题：请问大槐树村村委会可以强制老李家种植该品种油菜吗？

【案例解答】

不可以，大槐树村村委会的做法侵害了老李的生产经营自主权。

《农村土地承包法》第十五条第二项规定，发包方应尊重承包方的生产经营自主权，不得干涉承包方依法进行正常的生产经营活动；第十七条第一项规定，承包方依法享有承包地使用、收益的权利，有权自主组织生产经营和处置产品。

承包方自主决定生产经营是土地承包经营权的应有之义。为发展特色农业而强迫农户种植限定作物的做法是不可取的。本案中，老李家决定在承包地上种植土豆是其行使生产经营自主权的体现，发包方不得强迫农户改变种植作物的种类和经营方式。

【适用法律】

《农村土地承包法》第十五条、第十七条：

**第十五条**　发包方承担下列义务：（一）维护承包方的土地承包经营权，不得非法变更、解除承包合同；（二）尊重承包方的生产经营自主权，不得干涉承包方依法进行正常的生产经营活动；（三）依照承包合同约定为承包方提供生产、技术、信息等服务；（四）执行县、乡（镇）土地利用总体规划，组织本集体经济组织内的农业基础设施建设；（五）法律、行政法规规定的其他义务。

**第十七条**　承包方享有下列权利：（一）依法享有承包地使用、收益的权利，有权自主组织生产经营和处置产品；（二）依法互换、转让土地承包经营权；（三）依法流转土地经营权；（四）承包地被依法征收、征用、占用的，有权依法获得相应的补偿；（五）法律、行政法规规定的其他权利。

# 四、收　益　权

❓ 问题 9. 承包地的收益归谁所有?

【案例简介】

老李的儿子李建国在城里务工时受伤，老李进城照顾孩子，承包地无人耕种。为此，大槐树村村委会主任老张帮老李家联系了东方红农业公司，由该公司承租老李家的承包地。老李和该公司签订了土地经营权出租合同，租赁期限为两年。老张认为，村委会帮老李联系了农业公司，应该分一部分租金。

问题：请问本案中，租金归谁所有？

**【案例解答】**

租金归老李家所有。

根据《农村土地承包法》第十七条的规定，在家庭承包中，承包方有权依法流转土地经营权。土地经营权出租是流转土地经营权的一种方式，其收益归承包方所有。

本案中，虽然老张以村委会的名义帮老李联系了农业公司，但村委会不是出租方，村委会要求分租金缺乏法律依据。

**【适用法律】**

《农村土地承包法》第十七条、第三十九条：

**第十七条**　承包方享有下列权利：（一）依法享有承包地使用、收益的权利，有权自主组织生产经营和处置产品；（二）依法互换、转让土地承包经营权；（三）依法流转土地经营权；（四）承包地被依法征收、征用、占用的，有权依法获得相应的补偿；（五）法律、行政法规规定的其他权利。

**第三十九条**　土地经营权流转的价款，应当由当事人双方协商确定。流转的收益归承包方所有，任何组织和个人不得擅自截留、扣缴。

## 五、记载于权属证书的权利

**问题 10. 土地承包经营权证应当列入谁的名字？**

**【案例简介】**

正值承包地确权登记之际，老张之女张小花外嫁到东洼村，与小刘结为夫妻并登记在了小刘家的户口簿上。但是关于土地承包经营权证上应当列入谁的名字这一问题，小刘存有疑惑。询问村委会得知，土地承包经营权证上只能列入小刘及其父亲两个人的姓名，小刘母亲和张小花的名字都不能列在土地承包经营权证上。

问题：土地承包经营权证应当列入哪些人的名字？

【案例解答】

土地承包经营权证上不仅要列上小刘和他父亲的名字，还要列上他母亲的名字。

根据《农村土地承包法》的规定，农村土地承包，妇女与男子享有平等的权利。承包中应当保护妇女的合法权益，任何组织和个人不得剥夺、侵害妇女应当享有的土地承包经营权。为确认土地承包经营权，土地登记机构向承包方颁发的土地承包经营权证或者林权证等证书，应当将具有土地承包经营权的全部家庭成员列入。

为了更好保护农村妇女合法土地承包权益，新修正的《农村土地承包法》借鉴一些地方开展土地承包经营权确权登记的做法，第二十四条明确规定土地承包经营权证应当将具有土地承包经营权的全部家庭成员列入，进一步明确了农村妇女应当享有的权益。同时，《妇女权益保障法》也针对农村妇女的土地承包经营权益进行了规定。

**【适用法律】**

1.《农村土地承包法》第六条、第二十四条：

**第六条**　农村土地承包，妇女与男子享有平等的权利。承包中应当保护妇女的合法权益，任何组织和个人不得剥夺、侵害妇女应当享有的土地承包经营权。

**第二十四条**　国家对耕地、林地和草地等实行统一登记，登记机构应当向承包方颁发土地承包经营权证或者林权证等证书，并登记造册，确认土地承包经营权。

土地承包经营权证或者林权证等证书应当将具有土地承包经营权的全部家庭成员列入。

登记机构除按规定收取证书工本费外，不得收取其他费用。

2.《妇女权益保障法》第三十二条：

**第三十二条**　妇女在农村土地承包经营、集体经济组织收益分配、土地征收或者征用补偿费使用以及宅基地使用等方面，享有与男子平等的权利。

21

# 六、与继承相关的权利

**问题 11. 承包人的承包收益可以被继承吗?**

## 【案例简介】

老张家承包了数块耕地和一片林地，十几年来努力耕种，尤其是注重林地的土地质量和可持续砍伐，承包的林地收益稳定。老张的妻子贾兰年中在田里劳作时不小心摔跤昏迷后不治身亡。不久，大槐树村发生泥石流，老张一家都不幸遇难。老张家只剩多年前已转为城市户口的张长生一个亲人。

**问题：**老张家承包耕地的承包收益可以由张生长继承吗？张长生可以在承包期内继续承包耕地和林地吗？

## 【案例解答】

老张一家的承包收益可以由张长生继承，张长生可以在承包期内继续承包林地，但他不能在承包期内继续承包耕地。

家庭承包中的承包方是集体经济组织的农户，作为承包方的农户整体上是一个生产经营单位。即使有的家庭成员去世，耕地的土地承包经营权也不发生《继承法》上的继承，而是由与被继承人共同承包经营的其他家庭成员继续承包经营。承包人应得的承包收益，属于承包人的合法财产。当承包人死亡时，其应得的承包收益依照《继承法》的规定继承。同时，林地承包的承包人死亡时，其继承人可以在承包期内继续承包。

在本案中，贾兰去世后，老张家继续承包经营耕地，贾兰应得的承包收益根据《继承法》被继承。老张家的人全部去世后，张长生可以根据《继承法》继承老张家承包耕地应得的承包收益，在承包期内继续承包老张家承包的林地。

【适用法律】

1.《农村土地承包法》第三十二条：

**第三十二条** 承包人应得的承包收益，依照继承法的规定继承。林地承包的承包人死亡，其继承人可以在承包期内继续承包。

2.《继承法》第三条、第四条：

**第三条** 遗产是公民死亡时遗留的个人合法财产，包括：（一）公民的收入；（二）公民的房屋、储蓄和生活用品；（三）公民的林木、牲畜和家禽；（四）公民的文物、图书资料；（五）法律允许公民所有的生产资料；（六）公民的著作权、专利权中的财产权利；（七）公民的其他合法财产。

**第四条** 个人承包应得的个人收益，依照本法规定继承。个人

23

承包，依照法律允许由继承人继续承包的，按照承包合同办理。

## 七、互换、转让土地承包经营权的权利

**❓ 问题 12. 土地承包经营权可以互换吗?**

【案例简介】

大槐树村的老张用院后承包的 2 亩[①] 地与老李猪舍后的 2.5 亩地互换，其既未经发包方同意，也未向其备案。西山村王国庆因其地与院后 2 亩地相连，便想用后山的 3 亩地与老李交换院后 2 亩地，老李与张三前往大槐树村村委会集体经济组织[②] 想互换两块土地，工

---

① "亩"为非法定计算单位，1 亩 =667 米²。——编著注

② 此案例中的"大槐树村集体经济组织作为发包方"是为了写作要求而单独设计的，其他案例如无特别说明，大槐树村村委会为发包方。

作人员告知老李土地的承包经营权只可以对同属于同一集体经济组织的土地进行互换，同时由于互换土地承包经营权需要向发包方备案，故老李不能取得互换后院后 2 亩地的承包权。

问题：老张和老李之间的院后 2 亩地与猪舍后 2.5 亩地可以互换吗？老李可以用院后 2 亩地与王国庆后山 3 亩地互换吗？

【案例解答】

老张和老李之间的院后 2 亩地与猪舍后 2.5 亩地可以互换，但是老李不可以用院后 2 亩地与王国庆后山 3 亩地互换。

互换是指承包方之间为方便耕作或者各自需要，对属于同一集体经济组织的承包地块进行交换，同时交换相应的土地承包经营权，互换将各承包方的土地承包经营权互为对价，同时处分，各承包方失去对原属自己土地的土地承包经营权并获得原属对方的土地承包经营权。互换需要向发包方备案，而不是征得发包方的同意。同时，备案并不是互换的生效要件，只是为了事后监管之便。

土地承包经营权同时具有身份和财产双重性质，土地承包经营权的取得和享有应当以具有农村集体经济组织成员身份为前提，因此互换应当只能在同一集体经济组织内部进行。

在本案中，老张和老李签订的互换已生效，不因未向大槐树村集体经济组织备案而无效，院后 2 亩地与猪舍后 2.5 亩地已互换，已重新建立土地承包经营关系。由于王国庆是西山村人，不是大槐树村集体经济组织的成员，因此其不能就后山 3 亩地与老李进行互换。

**【适用法律】**

《农村土地承包法》第三十三条：

第三十三条　承包方之间为方便耕种或者各自需要，可以对属于同一集体经济组织的土地的土地承包经营权进行互换，并向发包方备案。

❓ **问题 13. 土地承包经营权可以转让吗？**

**【案例简介】**

大槐树村突发泥石流，老李家有 3 亩地被泥石流掩盖，无法继续耕作。老张是村委会主任，又是老党员，一心想帮扶老李家。老张家在岗上有半亩地正好挨着老李家仅存的 1 亩承包地，老张找老李商量，想把自己家在岗上半亩地的土地承包经营权转让给老李家，好让老李家增加可耕作的土地。

问题：老张家是否可以转让那半亩承包地的土地承包经营权？如果可以转让的话，是不是要得到发包方同意？转让的法律后果是什么？

【案例解答】

老张家可以转让那半亩地的土地承包经营权给老李家，但是需要发包方的同意。转让的结果是老李家取得该土地的土地承包经营权。

根据《农村土地承包法》的规定，承包方有权依法互换、转让土地承包经营权。根据第三十四条规定，经发包方同意，承包方可以将全部或者部分的土地承包经营权转让给本集体经济组织的其他农户，由该农户同发包方确立新的承包关系，原承包方与发包方在该土地上的承包关系即行终止。

土地承包经营权转让改变了土地承包关系。转让土地承包经营权时，需注意以下问题：

（1）受让方只能为本集体经济组织的成员。

（2）转让需要经过发包方同意。根据法律的规定，发包方是行使承包地集体所有权的主体。土地承包经营权转让后，原土地承包经营权人与发包方之间的承包关系已不存在，而在受让方与发包方之间建立了新的土地承包关系，因此，土地承包经营权转让需经发包方同意。

在本案中，首先，作为承包方，老张家有权转让这半亩地的土地承包经营权。其次，老张家和老李家都在大槐树村，发包方都是大槐树村村委会，属于同一集体经济组织，老李家有资格受让土地承包经营权。但是，转让要征得发包方的同意才行。最后，老张家一旦转让了土地承包经营权，老李家就取代老张家成为这半亩地的承包方。

**【适用法律】**

《农村土地承包法》第十七条、第三十四条：

**第十七条** 承包方享有下列权利：（一）依法享有承包地使用、收益的权利，有权自主组织生产经营和处置产品；（二）依法互换、转让土地承包经营权；（三）依法流转土地经营权；（四）承包地被依法征收、征用、占用的，有权依法获得相应的补偿；（五）法律、行政法规规定的其他权利。

**第三十四条** 经发包方同意，承包方可以将全部或者部分的土地承包经营权转让给本集体经济组织的其他农户，由该农户同发包方确立新的承包关系，原承包方与发包方在该土地上的承包关系即行终止。

## 八、融资担保的权利

**问题 14. 承包方可以用土地作担保向银行融资贷款吗？**

**【案例简介】**

东洼村村民小刘将自家的 5 亩承包地和其他土地一起进行规划和经营，准备种植药材。由于种植药材需要花费大量资金，小刘资金周转的压力很大，于是小刘想把自家的承包地抵押给银行以获得流动资金。

问题：小刘作为承包方，可以用土地作担保向银行借款吗？如果可以的话，小刘拿什么为银行设定担保？是土地经营权还是土地承包经营权？

【案例解答】

小刘作为承包方，可以用这5亩地的剩余承包期限内的土地经营权作为担保向银行贷款，在实现担保物权时，也仅仅会处分土地经营权。

根据《农村土地承包法》的规定，承包方可以用承包地的土地经营权向金融机构融资担保，并向发包方备案。当担保人（承包方）不能清偿到期债务时，金融机构实现担保物权只涉及土地经营权，原有的土地承包关系不变。

**【适用法律】**

《农村土地承包法》第四十七条：

第四十七条　承包方可以用承包地的土地经营权向金融机构融资担保，并向发包方备案。受让方通过流转取得的土地经营权，经承包方书面同意并向发包方备案，可以向金融机构融资担保。

担保物权自融资担保合同生效时设立。当事人可以向登记机构申请登记；未经登记，不得对抗善意第三人。

实现担保物权时，担保物权人有权就土地经营权优先受偿。

土地经营权融资担保办法由国务院有关部门规定。

## 第二节　以其他承包方式取得的土地经营权

### 一、承包"四荒地"的权利

**问题 15. "四荒地"如何承包？**

**【案例简介】**

大槐树村召开村民代表会议，决定以公开协商的方式发包该村几块荒地，并且讨论通过了发包该村荒地的方案。之后，村委会将这几块发包的荒地的名称、坐落、面积、质量以及承包要求、承包期限等信息予以公示，告知有意向承包荒地的村民可以参加公开协商会议。本村村民均不愿意承包，但非该村村民的老赵对该次荒地承包十分感兴趣。

问题：非本村村民的老赵可以承包该荒地？如何承包？

【案例解答】

"四荒地"的承包，在同等条件下，本集体经济组织成员有权优先承包，但不限于本集体经济组织成员，非本村村民的老赵可以承包该荒地。但大槐树村将荒地承包给本村村民之外的人，需要事先经过本集体经济组织成员的村民会议三分之二以上成员或者三分之二以上村民代表同意，并报乡（镇）人民政府批准外，还应当事先对承包方的资信情况和经营能力进行审查，再签订承包合同。

【适用法律】

《农村土地承包法》第四十八条、第五十条、第五十一条和第五十二条：

**第四十八条** 不宜采取家庭承包方式的荒山、荒沟、荒丘、荒滩等农村土地，通过招标、拍卖、公开协商等方式承包的，适用本章规定。

**第五十条** 荒山、荒沟、荒丘、荒滩等可以直接通过招标、拍卖、公开协商等方式实行承包经营，也可以将土地经营权折股分给本集体经济组织成员后，再实行承包经营或者股份合作经营。

承包荒山、荒沟、荒丘、荒滩的，应当遵守有关法律、行政法规的规定，防止水土流失，保护生态环境。

**第五十一条** 以其他方式承包农村土地，在同等条件下，本集体经济组织成员有权优先承包。

**第五十二条** 发包方将农村土地发包给本集体经济组织以外的单位或者个人承包，应当事先经本集体经济组织成员的村民会议三分之二以上成员或者三分之二以上村民代表的同意，并报乡（镇）人民政府批准。

由本集体经济组织以外的单位或者个人承包的，应当对承包方的资信情况和经营能力进行审查后，再签订承包合同。

## 二、本集体经济组织成员优先承包权

**问题 16. 本集体经济组织成员可以优先承包"四荒地"吗?**

【案例简介】

大槐树村召开了一次村民大会讨论"四荒地"承包问题。会上村委会对一块拟发包的洼地的情况进行了介绍，但是村里没人愿意承包这块洼地。东洼村小刘得知此事后，去大槐树村与村委会协商，并签订了洼地承包合同。此事已经过合法的民主议定程序通过，在公示期内大槐树村的村民没人主张优先承包权，承包也得到了乡人民政府的批准。之后，小刘按照约定在承包的洼地上种植药材，收入很好。大槐树村村民老李看到其中的收益，于是向村委会提出要求，要按照与小刘同样的条件优先承包这块洼地。

问题：老李能够向村委会提出优先承包这块洼地吗？

【案例解答】

小刘通过合法程序承包这块洼地后，老李提出对这块洼地的优先承包权缺乏法律支持。

本集体经济组织成员享有优先承包权，是由法律明确规定的。

行使优先承包权应当具备以下条件：（1）主张优先承包权的主体具有本集体经济组织成员资格；（2）承包优先权以同等条件为前提，同等条件指的是承包费、承包期主要内容相同；（3）要在一定期限内行使优先承包权。

根据《农村土地承包法》的规定，发包方发包"四荒地"时，在同等条件下，本集体经济组织成员有权优先承包。虽然《农村土地承包法》没有规定优先承包权的行使期限和行使方式，但在司法实践中，《最高人民法院关于审理涉及农村土地承包纠纷案件适用法律问题的解释》规定，在书面公示合理期限内未提出优先权主张的，不享有优先权；在发包方将农村土地发包给本集体经济组织以外的单位或者个人，已经法律规定的民主议定程序通过，并由乡（镇）人民政府批准后，本集体经济组织的成员不得再主张优先承包权。

在本案中，在大槐树村村民没有人愿意承包这块洼地的情况下，小刘承包了这块洼地，并且他的承包经过了合法的民主议定程序。大槐树村村民老李事后提出要优先承包这块洼地没有法律依据。老李在合理期间内没有行使自己的优先承包权。在此情况下，老李不能向村委会要求优先承包该洼地。

【适用法律】

1.《农村土地承包法》第五十一条：

**第五十一条** 以其他方式承包农村土地，在同等条件下，本集体经济组织成员有权优先承包。

2.《最高人民法院关于审理涉及农村土地承包纠纷案件适用法

律问题的解释》第十一条、第十九条：

**第十一条**　土地承包经营权流转中，本集体经济组织成员在流转价款、流转期限等主要内容相同的条件下主张优先权的，应予支持。但下列情形除外：（一）在书面公示的合理期限内未提出优先权主张的；（二）未经书面公示，在本集体经济组织以外的人开始使用承包地两个月内未提出优先权主张的。

**第十九条**　本集体经济组织成员在承包费、承包期限等主要内容相同的条件下主张优先承包权的，应予支持。但在发包方将农村土地发包给本集体经济组织以外的单位或者个人，已经法律规定的民主议定程序通过，并由乡（镇）人民政府批准后主张优先承包权的，不予支持。

## 三、流转土地经营权的权利

### 问题 17. 取得"四荒地"土地经营权后可以流转吗？

**【案例简介】**

李建国外出打工，将自己承包的荒地出租给同村的张大山，两人签订了《土地经营权出租合同》。合同约定：李建国将位于大槐树村东大桥西侧、公路北侧的一块面积 1 亩的荒丘，以每年 890 元的价格出租给张大山，约定每年年底交租金。该块土地是李建国在 2010 年以公开协商的方式取得的，并且获得了土地经营权证。合同签订后，大槐树村村委会认为李建国的出租行为没有经过村委会的同意，因此要求张大山向村委会支付租金。

问题：李建国能出租该块荒丘的土地经营权吗？村委会可以向张大山索要租金吗？

【案例解答】

李建国能够出租该块荒地的土地经营权。村委会无权向张大山索要租金。

根据《农村土地承包法》的规定，通过招标、拍卖、公开协商等方式承包农村土地，经依法登记取得权属证书的，可以依法采取出租、入股、抵押或者其他方式流转土地经营权。由此可见，以其他方式取得的土地经营权流转，是以依法登记取得权属证书为前提的。取得"四荒地"土地经营权后，经依法登记取得权属证书后，土地经营权可以流转。另外，任何组织和个人不得擅自截留、扣缴土地经营权流转的收益。

本案中，首先，李建国通过公开协商方式获得该块荒丘的土地经营权，并且经依法登记取得了土地经营权证。他可以将该块荒丘的土地经营权出租给张大山。其次，村委会无权干涉李建国出租荒丘的土地经营权的行为，也不得向张大山索取该块荒丘的租金。

【适用法律】

《农村土地承包法》第五十三条、第三十九条和第六十一条：

**第五十三条**　通过招标、拍卖、公开协商等方式承包农村土地，经依法登记取得权属证书的，可以依法采取出租、入股、抵押或者其他方式流转土地经营权。

**第三十九条**　土地经营权流转的价款，应当由当事人双方协商确定。流转的收益归承包方所有，任何组织和个人不得擅自截留、扣缴。

**第六十一条**　任何组织和个人擅自截留、扣缴土地承包经营权互换、转让或者土地经营权流转收益的，应当退还。

## 第三节　土地承包其他问题

❓ 问题18. 自家的承包地上可以建房子吗?

【案例简介】

老李家的承包地的交通条件较好。为了增加收入，老李在自己家的承包地上建了简易厂房，用于出租。厂房建成后不久，县人民政府向老李发出《责令限期拆除违法建筑决定书》，并在一段时间后强制拆除。

**问题：**请问老李是否可以在承包地上建设厂房？如果想要建设厂房，是否需要得到批准？

【案例解答】

老李不得在承包地上建设厂房。如果老李要建厂房，需要得到批准，办理农用地转用审批手续。

根据《农村土地承包法》的规定，农村土地承包经营应当遵守法律、法规，保护土地资源的合理开发和可持续利用。承包方应维持土地的农业用途，未经依法批准不得用于非农建设。由此可见，土地承包经营权人未经许可擅自改变承包地用途是法律所禁止的。另外，根据《土地管理法》的规定，需要占用耕地建房的，应当办理农用地转用审批手续。

本案中，改变承包地的农业用途，涉及土地用途管制和耕地保护，受法律严格限制，必须办理相关手续。《农村土地承包法》第六十三条规定："承包方、土地经营权人违法将承包地用于非农建设的，由县级以上地方人民政府有关主管部门依法予以处罚。"未办理审批手续擅自将承包地用于非农建设，将由有关主管机关作出处罚决定，行为人要承担相应的法律后果。

**【适用法律】**

1.《农村土地承包法》第十八条和第六十三条：

**第十八条**　承包方承担下列义务：（一）维持土地的农业用途，未经依法批准不得用于非农建设；（二）依法保护和合理利用土地，不得给土地造成永久性损害；（三）法律、行政法规规定的其他义务。

**第六十三条**　承包方、土地经营权人违法将承包地用于非农建设的，由县级以上地方人民政府有关主管部门依法予以处罚。承包方给承包地造成永久性损害的，发包方有权制止，并有权要求赔偿由此造成的损失。

2.《土地管理法》第四十四条：

**第四十四条**　建设占用土地，涉及农用地转为建设用地的，应当办理农用地转用审批手续。

永久基本农田转为建设用地的，由国务院批准。

在土地利用总体规划确定的城市和村庄、集镇建设用地规模范围内，为实施该规划而将永久基本农田以外的农用地转为建设用地的，按土地利用年度计划分批次按照国务院规定由原批准土地利用总体规划的机关或者其授权的机关批准。在已批准的农用地转用范围内，具体建设项目用地可以由市、县人民政府批准。

在土地利用总体规划确定的城市和村庄、集镇建设用地规模范围外，将永久基本农田以外的农用地转为建设用地的，由国务院或者国务院授权的省、自治区、直辖市人民政府批准。

## ❓ 问题 19. 在承包期内发包方有权调整承包地吗？

【案例简介】

大槐树村突遭泥石流，老张家后院 2 亩地几乎全被冲毁，老张的大儿子张大山今年与妻子生下女儿张小改，老张家多了一张吃饭的嘴却又失去了 2 亩谋生的地，生活压力增大，老张便向村委会要求调整承包地。与老张家耕地相邻的张三一家认为老张家耕地被冲毁后不方便其出入，也想调整耕地。

问题：在承包期内，什么情况才能调整承包地？需要经过什么

程序?

【案例解答】

　　为保持土地承包关系长久不变, 赋予农民更有保障的土地承包经营权, 在承包期内, 原则上发包方不得调整承包地。但当出现自然灾害严重毁损承包地等特殊情形的, 经法定程序后可适当调整承包地。根据《农村土地承包法》的规定, 承包期内, 发包方不得调整承包地, 但因自然灾害严重毁损承包地等特殊情形要调整承包地的, 须经本集体经济组织成员的村民会议三分之二以上成员或者三分之二以上村民代表的同意, 并报乡(镇)人民政府和县级人民政府农业农村、林业和草原等主管部门批准。

　　在本案中, 老张可以以承包地因自然灾害遭受严重毁损为由请求发包方大槐树村村委会调整承包地。调整承包地经本集体经济组织成员的村民会议三分之二以上成员或三分之二以上村民代表同意后, 报白坡乡人民政府及所属县人民政府农业农村主管部门批准。而张三家只是不方便出入, 其要求调整承包地缺乏法律依据。

【适用法律】

《农村土地承包法》第二十八条:

　　第二十八条　承包期内, 发包方不得调整承包地。承包期内, 因自然灾害严重毁损承包地等特殊情形对个别农户之间承包的耕地和草地需要适当调整的, 必须经本集体经济组织成员的村民会议三分之二以上成员或者三分之二以上村民代表的同意, 并报乡(镇)人民政府和县级人民政府农业农村、林业和草原等主管部门批准。承包合同中约定不得调整的, 按照其约定。

# 第二章  土地流转关系

**第一节  受让方的权利**

## 一、土地经营权人的资格

**问题 20. 对土地经营权的流转期限有限制吗?**

【案例简介】

李建国和东方红农业有限责任公司在 2019 年 6 月 1 日签订《土地经营权出租合同》,租赁期限为 2019 年 8 月 1 日至 2029 年 7 月 31 日。东方红公司一次性支付了 10 年的租金。公司法务人员审查这份合同时,通过对比李建国的《土地承包经营权证》发现,其承包期限为 1998 年 10 月 1 日至 2028 年 9 月 30 日。法务人员询问了李建国和公司主管小刘,他们都一致同意《土地经营权出租合同》中关于流转期限的约定,双方对此没有任何异议。他们认为这是合同,只要双方都同意就可以了,而且承包期到期之后也会续期的。

**问题:**小刘和李建国关于土地经营权流转期限的说法正确吗?法律对于土地经营权的流转期限有限制吗?

## 【案例解答】

小刘和李建国关于土地经营权流转期限的说法是不对的。法律对于土地经营权的流转期限是有限制的，即土地经营权的流转期限不得超过剩余的承包期限。

根据《农村土地承包法》的规定，土地经营权的流转期限不得超过承包期的剩余期限。本案中，李建国家的承包地的承包期限是1998年10月1日至2028年9月30日，但是李建国与东方红农业有限责任公司之间签订的《土地经营权出租合同》却把出租的期限定为2019年8月1日至2029年7月31日，这一约定已经超过了承包地剩余的承包期限。既然法律已经对土地经营权的流转期限做出了限制，当事人就要遵守法律的规定，不能违反依法流转原则。

## 【适用法律】

《农村土地承包法》第二十二条、第三十八条：

**第二十二条** 发包方应当与承包方签订书面承包合同。

承包合同一般包括以下条款：

（一）发包方、承包方的名称，发包方负责人和承包方代表的姓名、住所；

（二）承包土地的名称、坐落、面积、质量等级；

（三）承包期限和起止日期；

（四）承包土地的用途；

（五）发包方和承包方的权利和义务；

（六）违约责任。

**第三十八条** 土地经营权流转应当遵循以下原则：

（一）依法、自愿、有偿，任何组织和个人不得强迫或者阻碍土地经营权流转；

（二）不得改变土地所有权的性质和土地的农业用途，不得破坏农业综合生产能力和农业生态环境；

（三）流转期限不得超过承包期的剩余期限；

（四）受让方须有农业经营能力或者资质；

（五）在同等条件下，本集体经济组织成员享有优先权。

### ? 问题 21. 对土地经营权流转受让方的资格有什么要求？

## 【案例简介】

李建国准备把一些承包地出租给东方红农业有限责任公司，大槐树村的一些村民也有此意。东方红农业有限责任公司承诺租金按年支付,续租事宜也要再和村民商议后决定。正在大家准备签订《土地经营权出租合同》的时候,县里来了一家中介公司。这家中介公司向村民承诺,只要把土地经营权出租给它,村民可以一次性得到所有的租金,而且也不用担心后续的续期以及其他任何问题。考虑到这家中介公司提供的条件,不少常年外出务工的农户心动了,想与这家中介公司签订《土地经营权出租合同》。这时,东方红农业有限责任公司的法定代表人小刘提醒村民说:"这家中介公司没有农业经营资质,不能受让土地经营权,提醒大家不要上当受骗。"

**问题**:对土地经营权流转的受让方资格有要求吗?有什么要求?

## 【案例解答】

对土地经营权流转的受让方资格有要求。要求受让方必须具有农业经营能力或者资质。中介公司不具备农业经营能力、没有农业经营资质的不能受让土地经营权。

根据《农村土地承包法》的规定，在土地经营权的流转中，受让方必须要具备农业经营能力或者资质，为充分保障农民的土地权益，县级以上地方人民政府应当建立工商企业等社会资本通过流转取得土地经营权的资格审查、项目审核和风险防范制度。

本案中，东方红农业有限责任公司具备农业经营资质，可以作为适格的土地经营权受让主体，但是中介公司并不具有农业经营资质。

## 【适用法律】

《农村土地承包法》第三十八条、第四十五条：

**第三十八条**　土地经营权流转应当遵循以下原则：

（一）依法、自愿、有偿，任何组织和个人不得强迫或者阻碍土地经营权流转；

（二）不得改变土地所有权的性质和土地的农业用途，不得破坏农业综合生产能力和农业生态环境；

（三）流转期限不得超过承包期的剩余期限；

（四）受让方须有农业经营能力或者资质；

（五）在同等条件下，本集体经济组织成员享有优先权。

**第四十五条**　县级以上地方人民政府应当建立工商企业等社会资本通过流转取得土地经营权的资格审查、项目审核和风险防范制度。

工商企业等社会资本通过流转取得土地经营权的，本集体经济组织可以收取适量管理费用。

具体办法由国务院农业农村、林业和草原主管部门规定。

## 二、选择流转方式的权利

？问题 22. 土地经营权流转的方式有哪些?

【案例简介】

小刘是东洼村人，年轻力壮，是四里八乡的种植大户。得益于国家的惠农政策，他购买了植保无人机、免耕机等农业种植专业设备。东洼村的大部分农用地都由小刘组织耕种，收益也比之前分户耕种更高，一亩地每年多收 200 多元，小刘在自己受益的同时，也

提高了乡亲们的收益。小刘现在想扩大自己的耕地范围，以便开展大规模的机械化经营。大槐树村老李家的承包地挨着小刘现在耕种的农地，老李年龄大了，子女外出打工，家里的地他自己一个人也种不过来。看着小刘大规模经营的效益很好，包括老李在内的一些大槐树村村民也想把自己家的一些承包地租给小刘来种。关于出租承包地的事情，他们现在遇到了一些问题。

问题：他们是否可以向外村人流转承包地？如果可以流转的话，依照法律规定，自己流转的是什么权利？可以采用哪些方式流转？

【案例解答】

大槐树村村民可以向小刘流转承包地。依照法律规定，流转的是土地经营权。土地经营权流转可以采用出租（转包）、入股或者其他方式，但需要向村委会（发包方）备案。

根据《农村土地承包法》的规定，农户享有流转承包地的土地经营权的权利，可以自主决定流转的方式，而且其流转的方式包括但不限于出租（转包）、入股。关于流转的方式，要充分尊重农户的意愿，农户可以选择出租的方式，也可以选择其他方式。如何进行流转是农户的自由，村委会（发包方）无权干涉，只需要备案即可。

在本案中，大槐树村的村民可以把承包地出租给小刘，但是大槐树村村民出租给小刘的是承包地的土地经营权。农民流转土地经营权，不丧失承包方的身份。

【适用法律】

《农村土地承包法》第三十六条：

**第三十六条** 承包方可以自主决定依法采取出租（转包）、入股或者其他方式向他人流转土地经营权，并向发包方备案。

## 三、自主生产经营的权利

**问题 23. 发包方或者承包方有权干涉土地经营权人的生产经营吗?**

【案例简介】

小刘通过承租的方式，取得了大槐树村 50 亩耕地的土地经营权。小刘与村民签订的《土地经营权出租合同》约定：租期为 10 年；每年租金为 1 000 斤[①] 小麦或者 1 000 斤玉米的当年收购价，以价高者计算。

---

① "斤"为非法定计量单位，1 斤 =500 克。——编著注

在取得烟叶种植许可后，小刘对这 50 亩地进行了大规模的机械化经营。当年烟叶行情不错，小刘种植的烟草在第一年就大获丰收，烟叶卖了个好价钱。但是由于前期成本投入很大，实际上小刘并没有赚到钱。

大槐树村决定在大槐树村种植油菜，发展观光农业项目。小刘种植的烟叶并不符合大槐树村的整体规划，村委会和村民一致要求小刘改种油菜，放弃现在种植的烟草。如果小刘不改变种植的作物，村委会和村民要求租金在原先的基础上增加 10%。

**问题**：村委会和村民是否可以指定小刘种植的作物种类？村委会和村民是否有权要求增加租赁费用？小刘可以主张什么权利？

【案例解答】

村委会（发包方）和村民无权指定小刘种植的作物种类。村委会（发包方）和村民在没有和小刘进行协商并达成合意的情况下，没有权利要求增加租赁费用。小刘可以主张生产经营自主权，村委会（发包方）和村民无权干预其合法的农业生产经营活动。

根据《农村土地承包法》的规定，土地经营权人，也就是通过流转取得土地经营权的人，在合同约定的流转期内，有权利占有土地，自主开展农业生产经营活动，并获得收益。

首先，在本案中，小刘依法享有生产经营自主权，可以依法自主决定如何开展农业生产经营活动。在取得相关种植许可的情况下，小刘可以自主决定种植烟叶，任何组织和个人无权干涉。其次，关于租金。大槐树村民和小刘之间是平等的民事主体关系，合同已经约定了租金的计算方式。小刘只要按照合同约定支付相应租金并履行其他合同约定义务即可。任何一方都无权单方要求增加或者减少租金。因此，大槐树村村民和村委会（发包方）没有权利单方面要求小刘增加租金，当然小刘也没有权利单方决定减少租金。

【适用法律】

《农村土地承包法》第三十七条：

第三十七条　土地经营权人有权在合同约定的期限内占有农村土地，自主开展农业生产经营并取得收益。

## 四、再次流转土地经营权的权利

？ 问题 24. 流转取得的土地经营权可以再次流转吗？

【案例简介】

老张与老李签订了《土地经营权出租合同》，老李取得了土地经营权，租期 10 年，而且合同约定老李可以再次流转土地经营权。

后来东方红农业有限责任公司高价承租农用地，老李便与东方红农业有限责任公司又签订了一份《土地经营权出租合同》，合同约定的价格比之前与老张约定的价格高出不少。因此老张心有不满。

通过咨询，老张得知再次流转土地经营权不仅需要承包方同意，还需要向本集体经济组织备案。老张认为老李转租土地经营权的行为没有向大槐树村集体经济组织[①]备案，因此其与东方红农业有限责任公司签订的《土地经营权出租合同》无效。

问题：流转取得的土地经营权可以再次流转吗？没有向本集体经济组织备案的话，再次流转土地经营权的行为是否有效？没有取得承包方书面同意的话，再次流转土地经营权的行为是否有效？

【案例解答】

通过流转取得的土地经营权可以再次流转。没有向本集体经济组织备案的话，只要得到了承包方的书面同意，再次流转土地经营权的行为有效。但是如果没有取得承包方书面同意，再次流转土地经营权的行为无效。

根据《农村土地承包法》的规定，经过承包方的书面同意，并且向本集体经济组织备案，受让方才可以再次流转土地经营权。

承包方的书面同意既可以是承包方在土地经营权人再次流转土地经营权时单独出具的书面同意条件，也可以是承包方在土地经营

---

① 此案例中的"大槐树村集体经济组织作为发包方"是为了写作要求而单独设计的，其他案例如无特别说明，大槐树村村委会为发包方。

权流转合同中的事先同意，还可以是承包方在土地经营权再流转合同中作为当事人的签章，或在该合同上明确表示同意。[①]

首先，本案中，老李已经通过合同获得了争议土地的土地经营权。老李依法享有再次流转土地经营权的权利。其次，在老张与老李的合同中约定了老张同意老李再次流转土地经营权。因此，老李已经取得了老张的书面同意。再次，老李与东方红农业有限责任公司之间的合同虽然没有向大槐树村集体经济组织备案，但备案并不是合同有效的条件。总之，老李与东方红农业有限责任公司签订的《土地经营权出租合同》是有效的。

**【适用法律】**

《农村土地承包法》第四十六条：

**第四十六条**　经承包方书面同意，并向本集体经济组织备案，受让方可以再流转土地经营权。

## 五、申请登记的权利

？ 问题 25. 土地经营权必须要通过登记取得吗？

**【案例简介】**

李建国与东方红农业有限责任公司签订了《土地经营权出租合同》，并办理了土地经营权登记。在此之前，李建国就同一块承包地和城里的甲农业公司（下称"甲公司"）签订了《土地经营权出租合

---

① 参见高圣平等：《〈中华人民共和国农村土地承包法〉条文理解与适用》，人民法院出版社 2019 年版，第 302 页。

同》，但并未办理土地经营权登记，而东方红农业有限责任公司对此事毫不知情。现在甲公司和东方红农业有限责任公司就这一块承包地的土地经营权权属产生了纠纷。

问题：该土地经营权到底归何者所有？土地经营权必须要登记才能取得吗？如何登记？如果不登记会有什么不利后果？

【案例解答】

根据《农村土地承包法》第四十一条规定，土地经营权流转期限在五年以上的，当事人可以向登记机构申请土地经营权登记。未经登记的不得对抗善意第三人。从条文中可知，土地经营权的登记并不是获得土地经营权的必需要件，而是一个自愿的行为。如果不登记的话，不能对抗善意第三人。

本案中，甲公司和李建国签订合同在前，没有进行土地经营权登记。东方红农业有限责任公司和李建国签订合同在后，已经进行了土地经营权登记。因为东方红农业有限责任公司并不知道甲公司和李建国之间就同一块承包地曾经签订过《土地经营权出租合同》，属于《农村土地承包法》第四十一条的"善意第三人"。因此，东方红农业有限公司是土地经营权的权利人，而非甲公司。

对甲公司而言，法律要如何保障甲公司的利益？甲公司虽然不能取得李建国承包地的土地经营权，但是可以根据《合同法》的相关规定向李建国主张合同违约，要求其承担违约责任。

【适用法律】

《农村土地承包法》第四十一条：

第四十一条　土地经营权流转期限为五年以上的，当事人可以向登记机构申请土地经营权登记。未经登记，不得对抗善意第三人。

## 第二节 土地流转其他问题

### ？问题 26. 流转土地经营权一定要签订书面合同吗？

【案例简介】

张大山想外出打工，挣点钱给女儿预备上大学的学费。只是他一走，家里的地就照顾不过来了。于是张大山通过小刘找到了东方红农业有限责任公司的专门负责人，想把自己的两亩地租出去。双方约定的租期是两年。签订《土地经营权出租合同》时，双方发生了分歧。东方红农业有限责任公司坚持要签订书面合同，张大山觉得有小刘当见证人就足够了，而且他马上就要出发去外地了，没有时间等着签订合同。

问题：流转土地经营权，一定要签订书面合同吗？什么情况下可以不签订书面合同？

【案例解答】

流转土地经营权，原则上都要签订书面合同。承包方将土地交由他人代耕不超过一年的，可以不签订书面合同。

根据《农村土地承包法》的规定：土地经营权流转，当事人双方应当签订书面流转合同。第三款规定：承包方将土地交由他人代耕不超过一年的，可以不签订书面合同。

本案中，张大山出租土地经营权，租期为两年，而不是把土地交给别人代耕，依据法律规定，应当签订书面合同。

**【适用法律】**

《农村土地承包法》第四十条：

**第四十条**　土地经营权流转，当事人双方应当签订书面流转合同。土地经营权流转合同一般包括以下条款：（一）双方当事人的姓名、住所；（二）流转土地的名称、坐落、面积、质量等级；（三）流转期限和起止日期；（四）流转土地的用途；（五）双方当事人的权利和义务；（六）流转价款及支付方式；（七）土地被依法征收、征用、占用时有关补偿费的归属；（八）违约责任。承包方将土地交由他人代耕不超过一年的，可以不签订书面合同。

❓ **问题 27. 土地经营权流转后承包方与发包方之间的土地承包关系还存在吗？**

**【案例简介】**

18 年前，老李家人口比较多，粮食不够吃。老张作为老党员，自愿把自家的一部分承包地交给老李家耕种，这一种就是 18 年。双方没有签订书面的土地经营权流转合同，也没有约定期限。现在老张主张返还承包地，老李不同意。老李认为这是自家种了 18 年的承包地，这块地理应属于自家，而不属于老张家。老张拿出土地承包经营权权属证书，认为自家享有这块地的承包经营权。[①] 老张和老李的争端引发了村民们的焦虑，村民们担心自己如果把土地经营权

---

① 改编自案例：农户凌某平与乔某国土地承包经营权纠纷案，内蒙古自治区巴彦淖尔市中级人民法院（2017）内 08 民终 1800 号民事判决书。

流转出去了，也会遭遇类似的争端。

**问题**：土地经营权流转后，承包方与发包方之间的土地承包关系还存在吗？本案中，争议土地的土地承包经营权归谁所有？

【案例解答】

土地经营权流转后，承包方与发包方之间的土地承包关系保持不变。本案中，争议土地的土地承包经营权归老张家所有。

根据《农村土地承包法》的规定，承包方流转土地经营权的，承包方与发包方之间的承包关系不变。

本案中，老李根据双方之间的口头协议，在老张家的承包地上进行耕种。但是无论老李实际经营这块地多少年，都无法改变老张家对这块地享有土地承包经营权的事实。

**【适用法律】**

《农村土地承包法》第四十四条：

**第四十四条**　承包方流转土地经营权的，承包方与发包方之间的承包关系不变。

# 第三章 争议解决与法律责任

第一节 关于争议解决问题

## 问题 28. 在土地承包经营中发生纠纷如何解决?

【案例简介】

大槐树村村委会与本村村民张三签订农村土地承包合同,将本村东南的一块 20 亩的洼地承包给张三,承包经营期限为 10 年,当日收取承包费 6 万元,但是还没办理权属证书,而且合同中没有约定争议解决办法。后来,李四看到这块好地收益高,愿意出 10 万元承包,大槐树村村委会又将这 20 亩洼地承包给了李四,并办理了土地承包经营权证。村委会、张三、李四发生争议,张三直接向县人民法院起诉,李四坚持要先进行仲裁。

问题:在这样的情况下,法院应当依法受理吗?需要先仲裁才能起诉吗?

【案例解答】

根据《农村土地承包法》的规定:因土地承包经营发生纠纷

的，双方当事人可以通过协商解决，也可以请求村民委员会、乡（镇）人民政府等调解解决。当事人不愿协商、调解或者协商、调解不成的，可以向农村土地承包仲裁机构申请仲裁，也可以直接向人民法院起诉。

本案中，张三与村委会、李四因土地承包经营发生纠纷，属于人民法院受案范围。张三可以直接向法院起诉，法院应当依法受理，不需要先进行仲裁。

【适用法律】

1.《农村土地承包法》第五十五条：

**第五十五条**　因土地承包经营发生纠纷的，双方当事人可以通过协商解决，也可以请求村民委员会、乡（镇）人民政府等调解解决。当事人不愿协商、调解或者协商、调解不成的，可以向农村土地承包仲裁机构申请仲裁，也可以直接向人民法院起诉。

2.《农村土地承包经营纠纷调解仲裁法》第二条：

**第二条** 农村土地承包经营纠纷调解和仲裁，适用本法。

农村土地承包经营纠纷包括：

（一）因订立、履行、变更、解除和终止农村土地承包合同发生的纠纷；

（二）因农村土地承包经营权转包、出租、互换、转让、入股等流转发生的纠纷；

（三）因收回、调整承包地发生的纠纷；

（四）因确认农村土地承包经营权发生的纠纷；

（五）因侵害农村土地承包经营权发生的纠纷；

（六）法律、法规规定的其他农村土地承包经营纠纷。

因征收集体所有的土地及其补偿发生的纠纷，不属于农村土地承包仲裁委员会的受理范围，可以通过行政复议或者诉讼等方式解决。

3.《最高人民法院关于审理涉及农村土地承包纠纷案件适用法律问题的解释》第一条：

**第一条** 下列涉及农村土地承包民事纠纷，人民法院应当依法受理：

（一）承包合同纠纷；

（二）承包经营权侵权纠纷；

（三）承包经营权流转纠纷；

（四）承包地征收补偿费用分配纠纷；

（五）承包经营权继承纠纷。

集体经济组织成员因未实际取得土地承包经营权提起民事诉讼的，人民法院应当告知其向有关行政主管部门申请解决。

集体经济组织成员就用于分配的土地补偿费数额提起民事诉讼的，人民法院不予受理。

### 第二节　关于法律责任问题

**？问题 29. 村委会可以要求农民流转土地经营权吗？**

【案例简介】

张老板看上大槐树村 200 亩稻田，想在这里搞一个稻香村山水庄园，就向村委会提出用每亩每年 500 元的价格承租 10 年。但是，

这 200 亩稻田早被承包给了本村的 10 户农民。大槐树村村委会收了张老板 2 万元好处费后，给这 10 户农民三个选择：一是将承包地的土地承包经营权流转给张老板，二是接受村委会安排和其他村民互换承包地，三是将土地承包经营权转让给本村其他村民，否则村委会就强行收回承包地。这 10 户农民无奈之下，只好将自己家的承包地流转给张老板，留下老人、孩子进城打工去了。

问题：村委会可以强迫农民进行土地承包经营权互换、转让或者土地经营权流转吗？

【案例解答】

村委会不可以强迫农民进行土地承包经营权互换、转让或者土地经营权流转。

根据《农村土地承包法》的规定，土地经营权流转应当遵循依法、自愿、有偿原则，任何组织和个人不得强迫或者阻碍土地经营权流转。《农村土地承包法》第六十条规定："任何组织和个人强迫进行土地承包经营权互换、转让或者土地经营权流转的，该互换、转让或者流转无效。"依本条规定，强迫进行土地承包经营权互换、转让或者土地经营权流转的，该互换、转让或者流转无效。这是对民事法律行为效力认定的特殊规定。

这 10 户被强迫的农民可以通过以下几种途径获得救济：（一）协商；（二）调解；（三）向农村土地承包仲裁机构申请仲裁；（四）向法院提起诉讼。仲裁不是诉讼的必经程序，即农村土地承包合同发生纠纷后，当事人可以不经协商、不经调解、不经仲裁，而直接向人民法院起诉。

【适用法律】

《农村土地承包法》第六十条：

**第六十条**　任何组织和个人强迫进行土地承包经营权互换、转让或者土地经营权流转的，该互换、转让或者流转无效。

## 问题 30. 违法将承包地用于非农建设要承担什么责任？

【案例简介】

张大山与大槐树村村委会签订了土地承包合同，约定将本村位于张大山家旁边的 2 亩洼地承包给他进行耕作，期限为 30 年，每年每亩的承包费用为 300 元。张大山在该块土地上耕作了 10 年后，发现该块土地的产量逐年下降，于是不打算继续在该块土地上种植作物。张大山又想到自家这些年也新增了人口，需要堆放的杂物也多了，总是堆在院子里不是很方便，正好承包地离家里近，于是就打算在承包地上建一个小房子来装杂物。房屋建成后，同村的老李把

张大山建房的事告诉了村委会。村委会要求张大山拆除刚建成的小房子，张大山不同意，认为这是自己承包的土地，而且也没有占多大的面积。

问题：张大山能在承包的耕地上建房子吗？如果不能，他要承担什么责任？

【案例解答】

张大山不能在承包的耕地上建房子，其行为属于违法将承包地用于非农建设，需要对耕地的损害承担责任。

根据《农村土地承包法》的规定，承包方违法将承包地用于非农建设，以及给承包地造成永久性损害的，应承担法律责任。第一，关于承包方违法将承包地用于非农建设应承担的法律责任。县级以上地方人民政府有关主管部门有权予以行政处罚。第二，关于承包方给承包地造成永久性损害应该承担的法律责任。发包方有权制止这类行为，并且有权要求承包方赔偿由此造成的损失。

在本案中，张大山与大槐树村村委会签订了30年的耕地承包合同，但是在耕作了10年之后，在该块耕地上建了房子。这样的做法实际上就是将承包地用于非农建设，应当由县级以上地方人民政府有关行政主管部门对该建筑物是否合法进行认定和查处，再作出处罚决定。由于张大山在耕地上建造房子，多数情况有可能造成房屋所占用的耕地永久性损害，因此大槐树村村委会是有权制止的，并且要求张大山承担对耕地造成损害的赔偿。

【适用法律】

1.《农村土地承包法》第六十三条：

**第六十三条** 承包方、土地经营权人违法将承包地用于非农建设的，由县级以上地方人民政府有关主管部门依法予以处罚。

承包方给承包地造成永久性损害的，发包方有权制止，并有权要求赔偿由此造成的损失。

2.《最高人民法院关于审理涉及农村土地承包纠纷案件适用法律问题的解释》第八条：

**第八条** 承包方违反农村土地承包法第十七条规定，将承包地用于非农建设或者对承包地造成永久性损害，发包方请求承包方停止侵害、恢复原状或者赔偿损失的，应予支持。

# 附　录

## 1.《中华人民共和国农村土地承包法》

2002 年 8 月 29 日第九届全国人民代表大会常务委员会第二十九次会议通过，2002 年 8 月 29 日中华人民共和国主席令第七十三号公布；

根据 2009 年 8 月 27 日第十一届全国人民代表大会常务委员会第十次会议《关于修改部分法律的决定》第一次修正；

根据 2018 年 12 月 29 日第十三届全国人民代表大会常务委员会第七次会议《关于修改〈中华人民共和国农村土地承包法〉的决定》第二次修正。

### 第一章　总　　则

**第一条**　为了巩固和完善以家庭承包经营为基础、统分结合的双层经营体制，保持农村土地承包关系稳定并长久不变，维护农村土地承包经营当事人的合法权益，促进农业、农村经济发展和农村社会和谐稳定，根据宪法，制定本法。

第二条　本法所称农村土地，是指农民集体所有和国家所有依法由农民集体使用的耕地、林地、草地，以及其他依法用于农业的土地。

第三条　国家实行农村土地承包经营制度。农村土地承包采取农村集体经济组织内部的家庭承包方式，不宜采取家庭承包方式的荒山、荒沟、荒丘、荒滩等农村土地，可以采取招标、拍卖、公开协商等方式承包。

第四条　农村土地承包后，土地的所有权性质不变。承包地不得买卖。

第五条　农村集体经济组织成员有权依法承包由本集体经济组织发包的农村土地。任何组织和个人不得剥夺和非法限制农村集体经济组织成员承包土地的权利。

第六条　农村土地承包，妇女与男子享有平等的权利。承包中应当保护妇女的合法权益，任何组织和个人不得剥夺、侵害妇女应当享有的土地承包经营权。

第七条　农村土地承包应当坚持公开、公平、公正的原则，正确处理国家、集体、个人三者的利益关系。

第八条　国家保护集体土地所有者的合法权益，保护承包方的土地承包经营权，任何组织和个人不得侵犯。

第九条　承包方承包土地后，享有土地承包经营权，可以自己经营，也可以保留土地承包权，流转其承包地的土地经营权，由他人经营。

第十条　国家保护承包方依法、自愿、有偿流转土地经营权，保护土地经营权人的合法权益，任何组织和个人不得侵犯。

第十一条 农村土地承包经营应当遵守法律、法规，保护土地资源的合理开发和可持续利用。未经依法批准不得将承包地用于非农建设。国家鼓励增加对土地的投入，培肥地力，提高农业生产能力。

第十二条 国务院农业农村、林业和草原主管部门分别依照国务院规定的职责负责全国农村土地承包经营及承包经营合同管理的指导。县级以上地方人民政府农业农村、林业和草原等主管部门分别依照各自职责，负责本行政区域内农村土地承包经营及承包经营合同管理。乡（镇）人民政府负责本行政区域内农村土地承包经营及承包经营合同管理。

## 第二章 家庭承包

### 第一节 发包方和承包方的权利和义务

第十三条 农民集体所有的土地依法属于村农民集体所有的，由村集体经济组织或者村民委员会发包；已经分别属于村内两个以上农村集体经济组织的农民集体所有的，由村内各该农村集体经济组织或者村民小组发包。村集体经济组织或者村民委员会发包的，不得改变村内各集体经济组织农民集体所有的土地的所有权。国家所有依法由农民集体使用的农村土地，由使用该土地的农村集体经济组织、村民委员会或者村民小组发包。

第十四条 发包方享有下列权利：（一）发包本集体所有的或

者国家所有依法由本集体使用的农村土地；（二）监督承包方依照承包合同约定的用途合理利用和保护土地；（三）制止承包方损害承包地和农业资源的行为；（四）法律、行政法规规定的其他权利。

第十五条　发包方承担下列义务：（一）维护承包方的土地承包经营权，不得非法变更、解除承包合同；（二）尊重承包方的生产经营自主权，不得干涉承包方依法进行正常的生产经营活动；（三）依照承包合同约定为承包方提供生产、技术、信息等服务；（四）执行县、乡（镇）土地利用总体规划，组织本集体经济组织内的农业基础设施建设；（五）法律、行政法规规定的其他义务。

第十六条　家庭承包的承包方是本集体经济组织的农户。农户内家庭成员依法平等享有承包土地的各项权益。

第十七条　承包方享有下列权利：（一）依法享有承包地使用、收益的权利，有权自主组织生产经营和处置产品；（二）依法互换、转让土地承包经营权；（三）依法流转土地经营权；（四）承包地被依法征收、征用、占用的，有权依法获得相应的补偿；（五）法律、行政法规规定的其他权利。

第十八条　承包方承担下列义务：（一）维持土地的农业用途，未经依法批准不得用于非农建设；（二）依法保护和合理利用土地，不得给土地造成永久性损害；（三）法律、行政法规规定的其他义务。

### 第二节　承包的原则和程序

第十九条　土地承包应当遵循以下原则：（一）按照规定统一组织承包时，本集体经济组织成员依法平等地行使承包土地的权利，也可以自愿放弃承包土地的权利；（二）民主协商，公平合理；（三）承包方案应当按照本法第十三条的规定，依法经本集体经济组织成员的村民会议三分之二以上成员或者三分之二以上村民代表的同意；（四）承包程序合法。

**第二十条** 土地承包应当按照以下程序进行：（一）本集体经济组织成员的村民会议选举产生承包工作小组；（二）承包工作小组依照法律、法规的规定拟订并公布承包方案；（三）依法召开本集体经济组织成员的村民会议，讨论通过承包方案；（四）公开组织实施承包方案；（五）签订承包合同。

### 第三节 承包期限和承包合同

**第二十一条** 耕地的承包期为三十年。草地的承包期为三十年至五十年。林地的承包期为三十年至七十年。前款规定的耕地承包期届满后再延长三十年，草地、林地承包期届满后依照前款规定相应延长。

**第二十二条** 发包方应当与承包方签订书面承包合同。承包合同一般包括以下条款：（一）发包方、承包方的名称，发包方负责人和承包方代表的姓名、住所；（二）承包土地的名称、坐落、面积、质量等级；（三）承包期限和起止日期；（四）承包土地的用途；（五）发包方和承包方的权利和义务；（六）违约责任。

**第二十三条** 承包合同自成立之日起生效。承包方自承包合同生效时取得土地承包经营权。

**第二十四条** 国家对耕地、林地和草地等实行统一登记，登记机构应当向承包方颁发土地承包经营权证或者林权证等证书，并登记造册，确认土地承包经营权。土地承包经营权证或者林权证等证书应当将具有土地承包经营权的全部家庭成员列入。登记机构除按规定收取证书工本费外，不得收取其他费用。

**第二十五条**　承包合同生效后，发包方不得因承办人或者负责人的变动而变更或者解除，也不得因集体经济组织的分立或者合并而变更或者解除。

**第二十六条**　国家机关及其工作人员不得利用职权干涉农村土地承包或者变更、解除承包合同。

### 第四节　土地承包经营权的保护和互换、转让

**第二十七条**　承包期内，发包方不得收回承包地。国家保护进城农户的土地承包经营权。不得以退出土地承包经营权作为农户进城落户的条件。承包期内，承包农户进城落户的，引导支持其按照自愿有偿原则依法在本集体经济组织内转让土地承包经营权或者将承包地交回发包方，也可以鼓励其流转土地经营权。承包期内，承包方交回承包地或者发包方依法收回承包地时，承包方对其在承包地上投入而提高土地生产能力的，有权获得相应的补偿。

**第二十八条**　承包期内，发包方不得调整承包地。承包期内，因自然灾害严重毁损承包地等特殊情形对个别农户之间承包的耕地和草地需要适当调整的，必须经本集体经济组织成员的村民会议三分之二以上成员或者三分之二以上村民代表的同意，并报乡（镇）人民政府和县级人民政府农业农村、林业和草原等主管部门批准。

承包合同中约定不得调整的，按照其约定。

第二十九条　下列土地应当用于调整承包土地或者承包给新增人口：（一）集体经济组织依法预留的机动地；（二）通过依法开垦等方式增加的；（三）发包方依法收回和承包方依法、自愿交回的。

第三十条　承包期内，承包方可以自愿将承包地交回发包方。承包方自愿交回承包地的，可以获得合理补偿，但是应当提前半年以书面形式通知发包方。承包方在承包期内交回承包地的，在承包期内不得再要求承包土地。

第三十一条　承包期内，妇女结婚，在新居住地未取得承包地的，发包方不得收回其原承包地；妇女离婚或者丧偶，仍在原居住地生活或者不在原居住地生活但在新居住地未取得承包地的，发包方不得收回其原承包地。

第三十二条　承包人应得的承包收益，依照继承法的规定继承。林地承包的承包人死亡，其继承人可以在承包期内继续承包。

第三十三条　承包方之间为方便耕种或者各自需要，可以对属于同一集体经济组织的土地的土地承包经营权进行互换，并向发包方备案。

第三十四条　经发包方同意，承包方可以将全部或者部分的土地承包经营权转让给本集体经济组织的其他农户，由该农户同发包方确立新的承包关系，原承包方与发包方在该土地上的承包关系即行终止。

第三十五条　土地承包经营权互换、转让的，当事人可以向登记机构申请登记。未经登记，不得对抗善意第三人。

## 第五节　土地经营权

**第三十六条**　承包方可以自主决定依法采取出租（转包）、入股或者其他方式向他人流转土地经营权，并向发包方备案。

**第三十七条**　土地经营权人有权在合同约定的期限内占有农村土地，自主开展农业生产经营并取得收益。

**第三十八条**　土地经营权流转应当遵循以下原则：（一）依法、自愿、有偿，任何组织和个人不得强迫或者阻碍土地经营权流转；（二）不得改变土地所有权的性质和土地的农业用途，不得破坏农业综合生产能力和农业生态环境；（三）流转期限不得超过承包期的剩余期限；（四）受让方须有农业经营能力或者资质；（五）在同等条件下，本集体经济组织成员享有优先权。

**第三十九条**　土地经营权流转的价款，应当由当事人双方协商确定。流转的收益归承包方所有，任何组织和个人不得擅自截留、扣缴。

**第四十条**　土地经营权流转，当事人双方应当签订书面流转合同。土地经营权流转合同一般包括以下条款：（一）双方当事人的姓名、住所；（二）流转土地的名称、坐落、面积、质量等级；（三）流转期限和起止日期；（四）流转土地的用途；（五）双方当事人的权利和义务；（六）流转价款及支付方式；（七）土地被依法征收、征用、占用时有关补偿费的归属；（八）违约责任。承包方将土地交由他人代耕不超过一年的，可以不签订书面合同。

**第四十一条**　土地经营权流转期限为五年以上的，当事人可以向登记机构申请土地经营权登记。未经登记，不得对抗善意第三人。

    **第四十二条**  承包方不得单方解除土地经营权流转合同，但受让方有下列情形之一的除外：（一）擅自改变土地的农业用途；（二）弃耕抛荒连续两年以上；（三）给土地造成严重损害或者严重破坏土地生态环境；（四）其他严重违约行为。

    **第四十三条**  经承包方同意，受让方可以依法投资改良土壤，建设农业生产附属、配套设施，并按照合同约定对其投资部分获得合理补偿。

    **第四十四条**  承包方流转土地经营权的，其与发包方的承包关系不变。

    **第四十五条**  县级以上地方人民政府应当建立工商企业等社会资本通过流转取得土地经营权的资格审查、项目审核和风险防范制度。工商企业等社会资本通过流转取得土地经营权的，本集体经济组织可以收取适量管理费用。具体办法由国务院农业农村、林业和草原主管部门规定。

    **第四十六条**  经承包方书面同意，并向本集体经济组织备案，受让方可以再流转土地经营权。

    **第四十七条**  承包方可以用承包地的土地经营权向金融机构融资担保，并向发包方备案。受让方通过流转取得的土地经营权，经承包方书面同意并向发包方备案，可以向金融机构融资担保。担保物权自融资担保合同生效时设立。当事人可以向登记机构申请登记；未经登记，不得对抗善意第三人。实现担保物权时，担保物权人有权就土地经营权优先受偿。土地经营权融资担保办法由国务院有关部门规定。

## 第三章　其他方式的承包

**第四十八条**　不宜采取家庭承包方式的荒山、荒沟、荒丘、荒滩等农村土地，通过招标、拍卖、公开协商等方式承包的，适用本章规定。

**第四十九条**　以其他方式承包农村土地的，应当签订承包合同，承包方取得土地经营权。当事人的权利和义务、承包期限等，由双方协商确定。以招标、拍卖方式承包的，承包费通过公开竞标、竞价确定；以公开协商等方式承包的，承包费由双方议定。

**第五十条**　荒山、荒沟、荒丘、荒滩等可以直接通过招标、拍卖、公开协商等方式实行承包经营，也可以将土地经营权折股分给本集体经济组织成员后，再实行承包经营或者股份合作经营。承包荒山、荒沟、荒丘、荒滩的，应当遵守有关法律、行政法规的规定，防止水土流失，保护生态环境。

**第五十一条**　以其他方式承包农村土地，在同等条件下，本集体经济组织成员有权优先承包。

**第五十二条**　发包方将农村土地发包给本集体经济组织以外的单位或者个人承包，应当事先经本集体经济组织成员的村民会议三分之二以上成员或者三分之二以上村民代表的同意，并报乡（镇）人民政府批准。由本集体经济组织以外的单位或者个人承包的，应当对承包方的资信情况和经营能力进行审查后，再签订承包合同。

**第五十三条**　通过招标、拍卖、公开协商等方式承包农村土地，经依法登记取得权属证书的，可以依法采取出租、入股、抵押或者其他方式流转土地经营权。

第五十四条　依照本章规定通过招标、拍卖、公开协商等方式取得土地经营权的，该承包人死亡，其应得的承包收益，依照继承法的规定继承；在承包期内，其继承人可以继续承包。

## 第四章　争议的解决和法律责任

第五十五条　因土地承包经营发生纠纷的，双方当事人可以通过协商解决，也可以请求村民委员会、乡（镇）人民政府等调解解决。当事人不愿协商、调解或者协商、调解不成的，可以向农村土地承包仲裁机构申请仲裁，也可以直接向人民法院起诉。

第五十六条　任何组织和个人侵害土地承包经营权、土地经营权的，应当承担民事责任。

第五十七条　发包方有下列行为之一的，应当承担停止侵害、排除妨碍、消除危险、返还财产、恢复原状、赔偿损失等民事责任：（一）干涉承包方依法享有的生产经营自主权；（二）违反本法规定收回、调整承包地；（三）强迫或者阻碍承包方进行土地承包经营权的互换、转让或者土地经营权流转；（四）假借少数服从多数强迫承包方放弃或者变更土地承包经营权；（五）以划分"口粮田"和"责任田"等为由收回承包地搞招标承包；（六）将承包地收回抵顶欠款；（七）剥夺、侵害妇女依法享有的土地承包经营权；（八）其他侵害土地承包经营权的行为。

第五十八条　承包合同中违背承包方意愿或者违反法律、行政法规有关不得收回、调整承包地等强制性规定的约定无效。

第五十九条　当事人一方不履行合同义务或者履行义务不符合约定的，应当依法承担违约责任。

第六十条　任何组织和个人强迫进行土地承包经营权互换、转让或者土地经营权流转的，该互换、转让或者流转无效。

第六十一条　任何组织和个人擅自截留、扣缴土地承包经营权互换、转让或者土地经营权流转收益的，应当退还。

第六十二条　违反土地管理法规，非法征收、征用、占用土地或者贪污、挪用土地征收、征用补偿费用，构成犯罪的，依法追究刑事责任；造成他人损害的，应当承担损害赔偿等责任。

第六十三条　承包方、土地经营权人违法将承包地用于非农建设的，由县级以上地方人民政府有关主管部门依法予以处罚。承包方给承包地造成永久性损害的，发包方有权制止，并有权要求赔偿由此造成的损失。

第六十四条　土地经营权人擅自改变土地的农业用途、弃耕抛荒连续两年以上、给土地造成严重损害或者严重破坏土地生态环境，承包方在合理期限内不解除土地经营权流转合同的，发包方有权要求终止土地经营权流转合同。土地经营权人对土地和土地生态环境造成的损害应当予以赔偿。

第六十五条　国家机关及其工作人员有利用职权干涉农村土地承包经营，变更、解除承包经营合同，干涉承包经营当事人依法享有的生产经营自主权，强迫、阻碍承包经营当事人进行土地承包经营权互换、转让或者土地经营权流转等侵害土地承包经营权、土地经营权的行为，给承包经营当事人造成损失的，应当承担损害赔偿等责任；情节严重的，由上级机关或者所在单位给予直接责任人员处分；构成犯罪的，依法追究刑事责任。

## 第五章　附　　则

第六十六条　本法实施前已经按照国家有关农村土地承包的规定承包，包括承包期限长于本法规定的，本法实施后继续有效，不得重新承包土地。未向承包方颁发土地承包经营权证或者林权证等证书的，应当补发证书。

第六十七条　本法实施前已经预留机动地的，机动地面积不得超过本集体经济组织耕地总面积的百分之五。不足百分之五的，不得再增加机动地。本法实施前未留机动地的，本法实施后不得再留机动地。

第六十八条　各省、自治区、直辖市人民代表大会常务委员会可以根据本法，结合本行政区域的实际情况，制定实施办法。

第六十九条　确认农村集体经济组织成员身份的原则、程序等，由法律、法规规定。

第七十条　本法自 2003 年 3 月 1 日起施行。

## 2.法律及司法解释缩略语表

| 法律全称 | 简称 |
| --- | --- |
| 《中华人民共和国农村土地承包法》 | 《农村土地承包法》 |
| 《中华人民共和国土地管理法》 | 《土地管理法》 |
| 《中华人民共和国农村土地承包经营纠纷调解仲裁法》 | 《农村土地承包经营纠纷调解仲裁法》 |
| 《中华人民共和国物权法》 | 《物权法》 |
| 《中华人民共和国妇女权益保障法》 | 《妇女权益保障法》 |
| 《中华人民共和国继承法》 | 《继承法》 |
| 《最高人民法院关于审理涉及农村土地承包纠纷案件适用法律问题的解释》 | 无 |

# 后　　记

　　本书在修改与完善过程中，农业农村部政策与改革司刘涛处长、刘春明副处长，中国社会科学院农村发展研究所杨一介教授等专家针对本书提出了诸多宝贵意见，编写组在此郑重表示感谢。

　　由于水平有限，加之时间仓促，书中难免有不妥之处，敬请广大读者批评指正！

本书编写组

2020 年 6 月 30 日